ESSE DIÁRIO PERTENCE A

(ROUBE COMO UM ARTISTA,
NÃO COMO UM BOBALHÃO)

ROUBE COMO UM ARTISTA
O DIÁRIO

UM CADERNO DE ANOTAÇÕES PARA CLEPTOMANÍACOS

AUSTIN KLEON

ROCCO

Título original
THE STEAL LIKE AN ARTIST JOURNAL
A Notebook for Creative Kleptomaniacs

Primeira publicação nos EUA como:
STEAL LIKE AN ARTIST
10 Things Nobody Told You About Being Creative

Copyright © 2015 by Austin Kleon
Copyright das ilustrações © 2015 by Austin Kleon

Todos os direitos reservados.

Nenhuma parte desta obra pode ser reproduzida, no todo ou em parte sob qualquer forma, sem a permissão escrita do editor.

Edição brasileira publicada mediante acordo com a
Worman Publishing Company, Inc.

Direitos para a língua portuguesa reservados
com exclusividade para o Brasil à
EDITORA ROCCO LTDA.
Rua Evaristo da Veiga, 65 – 11º andar
Passeio Corporate – Torre 1
20031-040 – Rio de Janeiro – RJ
Tel.: (21) 3525-2000 – Fax: (21) 3525-2001
rocco@rocco.com.br
www.rocco.com.br

Printed in Brazil/Impresso no Brasil

CIP-Brasil. Catalogação na fonte
Sindicato Nacional dos Editores de Livros, RJ.

K72r Kleon, Austin
Roube como um artista - o diário: um caderno de anotações para cleptomaníacos / Austin Kleon; tradução de Tiago Lyra. - 1. ed. - Rio de Janeiro: Rocco, 2015.

Tradução de: The steal like an artist journal: a notebook for creative kleptomaniacs

ISBN 978-85-325-3013-4

1. Criatividade. I. Título.

15-26199   CDD – 153.35
                                        CDU – 159.954

Impressão e Acabamento: GRÁFICA E EDITORA CRUZADO

"Acho que somos criativos o dia inteiro. Precisamos de uma ajuda para fazer com que isso funcione na página. Porque nosso lado criativo se cansa de esperar, ou se cansa, simplesmente."

— *Mary Oliver*

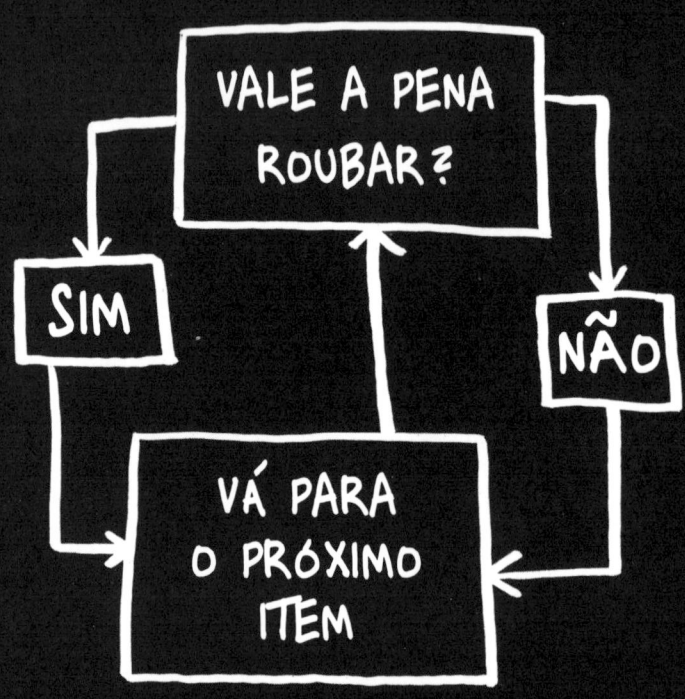

COMO SER UM CLEPTOMANÍACO CRIATIVO

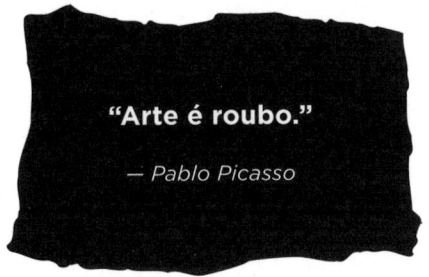

"Arte é roubo."
— Pablo Picasso

Este diário foi concebido para que você observe seu mundo como um artista, sempre "de olho no lance", sempre coletando ideias, sempre à procura do próximo fragmento de inspiração a ser surrupiado – para que você se torne um cleptomaníaco criativo.

Grandes artistas, cientistas, empreendedores e qualquer pessoa que tenha feito algum trabalho criativo bem-sucedido entendem que nada vem do nada. Tudo se baseia no que veio antes, e toda nova ideia é apenas um mashup ou um remix de uma ou várias ideias anteriores. Nada é completamente original.

ROUBO BOM	vs.	ROUBO RUIM
HONRA		DEGRADA
ESTUDA		SUGA
ROUBA VÁRIOS		ROUBA DE UM
CREDITA		PLAGIA
TRANSFORMA		IMITA
REMIXA		PREJUDICA

> "Poetas imaturos imitam; poetas maduros roubam; maus poetas desfiguram o que pegam; e bons poetas transformam em algo melhor, ou ao menos em algo diferente. O bom poeta solda seu furto em um todo de sentimento que é único, totalmente diferente daquele do qual ele foi arrancado."
>
> — *T. S. Eliot*

Se conseguirmos nos libertar do fardo de tentar ser completamente originais, podemos parar de tentar fazer algo a partir do nada, e acolher influências em vez de fugir delas.

Seu trabalho, então, passará a ser o de coletar boas ideias. Quanto mais boas ideias você coletar, mais poderá escolher por quem quer ser influenciado.

Algumas das melhores mentes do planeta usaram cadernos para coletar ideias: Charles Darwin, Pablo Picasso, Virginia Woolf, Ludwig van Beethoven, Marie Curie, Thomas Edison, Leonardo da Vinci, Frida Kahlo... a lista não acaba.

Siga o exemplo deles, e faça deste caderno de anotações parte de sua vida cotidiana.

Carregue-o com você por toda parte. Acostume-se a pegá-lo para anotar seus pensamentos e observações nas páginas em branco. Separe 15 minutos todos os dias para fazer um dos exercícios (idas e vindas do trabalho ou intervalos de almoço são para isso). Torne-o seu – caso você odeie um dos exercícios, risque-o imediatamente e crie um de próprio punho. Volte algumas páginas quando precisar de ideias.

No momento em que todas estas páginas estiverem cheias, você terá aprendido a olhar para as suas influências e sua vida cotidiana como matéria-prima para o seu trabalho. Você estará pronto para pegar o que roubou, transformá-lo em seu próprio trabalho, e liberá-lo novamente para o mundo, para que possamos roubar de você.

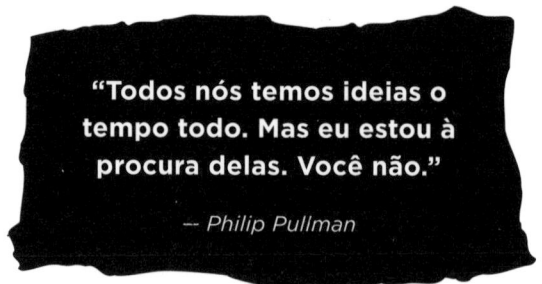

"Todos nós temos ideias o tempo todo. Mas eu estou à procura delas. Você não."

— Philip Pullman

COMO UTILIZAR ESTE DIÁRIO

① CARREGUE-O COM VOCÊ POR ONDE FOR.

② FAÇA PELO MENOS UM EXERCÍCIO POR DIA.

③ REPITA OS DOIS PRIMEIROS PASSOS ATÉ QUE AS PÁGINAS ESTEJAM CHEIAS.

10 COISAS QUE QUERO APRENDER:

1.

2.

3.

4.

5.

6.

7.

8.

9.

10.

VÁ A UMA PAPELARIA E COMPRE UMA CANETA NOVA.
USE ESTA PÁGINA PARA TESTÁ-LA.

KERI SMITH

VOCÊ É UM BARISTA. DÊ INÍCIO A UMA GUERRA DE CAIXINHAS PARA MAXIMIZAR SUAS GORJETAS.

ROUBE O TÍTULO DE UM LIVRO QUE VOCÊ NUNCA LEU E INVENTE SUA PRÓPRIA HISTÓRIA COM ELE.

DESAFIO DOS 30 DIAS

TODOS OS DIAS, EU VOU _____

E DEPOIS QUE FIZER, MARCAREI UM X NO BOX ABAIXO.

1	2	3	4	5	6
7	8	9	10	11	12
13	14	15	16	17	18
19	20	21	22	23	24
25	26	27	28	29	30

EU NÃO VOU QUEBRAR A CORRENTE.

DEPOIS DE 30 DIAS, EU VOU FICAR _____

ESCREVA UMA TÍPICA CARTA DE FÃ.

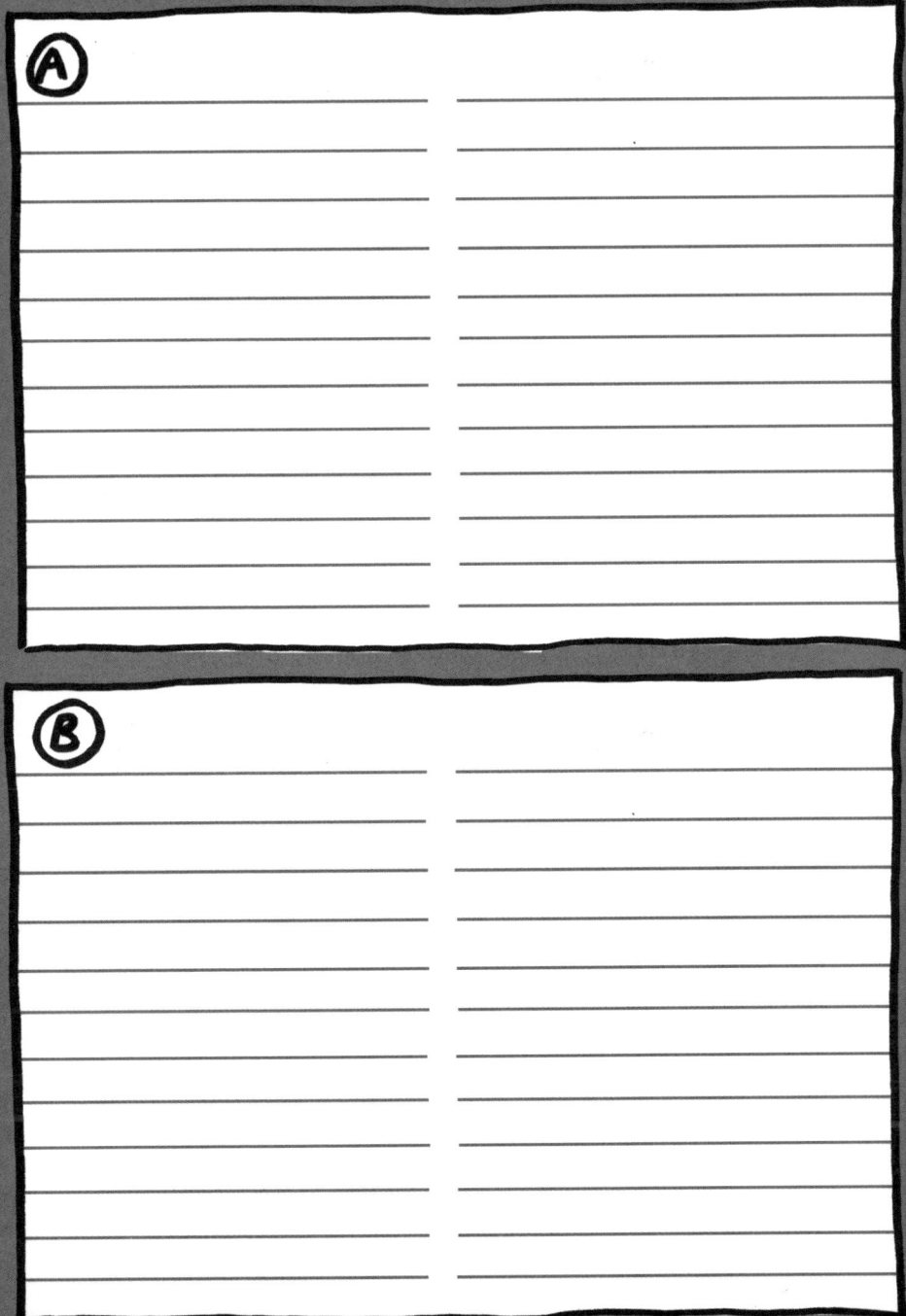

AGRADECIMENTOS A _____

QUE ME ENSINOU A _____

_____.

AGRADECIMENTOS A _____

QUE ME ENSINOU A _____

_____.

AGRADECIMENTOS A _____

QUE ME ENSINOU A _____

_____.

AGRADECIMENTOS A _____

QUE ME ENSINOU A _____

_____.

AGRADECIMENTOS A _____

QUE ME ENSINOU A _____

_____.

COLE FOTOS
DE SEUS
HERÓIS

NAS
MOLDURAS
FORNECIDAS

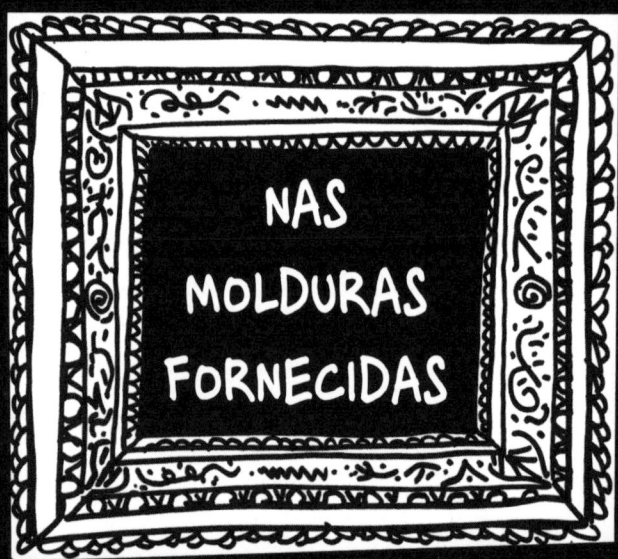

EMPILHE LIVROS. FAÇA UM POEMA COM AS LOMBADAS. DESENHE A PILHA.

| NINA KATCHADOURIAN | 🔍 |

COPIE UM TRECHO DE UM DE SEUS LIVROS FAVORITOS. ESCREVA O MAIS D E V A G A R QUE PUDER.

PREENCHA OS BALÕES DOS QUADRINHOS.

PINTE O CENÁRIO.

GEORGE HERRIMAN   KRAZY KAT

PREENCHA ESTA PÁGINA COM RABISCOS ATÉ TER UMA IDEIA.

ENCONTRE UMA NOTA FISCAL E COLE-A AQUI.

```
              Little Deli
           7101-A Woodrow Ave.
             Austin, TX 78757

Server: Bobbie              Station: 6
----------------------------------------
Order #: 579769             HERE ORDER
Customer Name:                  austin
----------------------------------------
1 Harrys Perfect              13.30
  z---SPLIT---z
2 Soft Drink                   4.00

SUB TOTAL:                    17.30
Sales Tax:                     1.43
                            =========
TOTAL:                       $18.73

Visa Tendered:                18.73

                            =========
CHANGE:                        0.00

         10/29/2014 11:05:01 AM

              THANK YOU!
```

PREENCHA A PÁGINA COM O QUE CONSEGUIR LEMBRAR DO DIA EM QUE FEZ A COMPRA.

COMECE A DIGITAR ALEATORIAMENTE EM UM CAMPO DE BUSCA E ESCREVA AQUI QUAIS FORAM AS SUGESTÕES AUTOMÁTICAS.

" Dá para vê-la?", gritou Ahab, deixando o tempo correr o suficiente para que a luz se espalhasse.

" Nada se vê, senhor."

" Todos ao convés e a todo pano! Ela vai mais rápido do que eu pensava; – os joanetes! – sim, deveríamos tê-los mantidos desfraldados noite afora. Mas não importa – foi só uma pausa antes da corrida."

Precisamos aqui assinalar que esta caçada pertinaz a uma determinada baleia, durante todo um dia e noite adentro, e toda uma noite transbordando para o dia seguinte, não é um fato sem precedentes na pesca dos Mares do Sul. Pois esta é a notável maestria, a antevisão ditada pela experiência, e a invencível confiança que se associa aos grandes gênios inatos que figuram entre os capitães de Nantucket; que a partir da mera descrição de uma baleia, quando observada pela última vez, podem, dadas determinadas circunstâncias, prever bem acuradamente não só a direção em que ela prosseguirá nadando, mesmo longe de seu ângulo de visão, como a provável velocidade em que se dará sua progressão no período considerado. E, tal como um piloto, quando começa a se distanciar de um litoral, cujos contornos bem conhece, e ao qual deseja retornar brevemente, embora num ponto mais adiante; tal como esse piloto não abre mão de sua bússola, anotando com precisão a localização do cabo ainda visível, para que possa alcançar com precisão a posição mais remota, desejada, no momento ainda não discernível, assim age o pescador, com a bússola, mirando sua baleia; pois após ser caçada e diligentemente marcada, ao longo de inúmeras horas de claridade, quando a noite cai, a futura emersão da criatura na escuridão está tão estabelecida pela mente sagaz do caçador, quanto a costa se afigura para o piloto. De modo que para a espantosa perícia do caçador, a proverbial efemeridade de um rastro na água, um despertar, é, para todos os efeitos, tão confiável quanto a solidez da terra firme. E do mesmo modo que o portentoso Leviatã de ferro que desliza pelas ferrovias modernas é conhecido em todos os seus compassos, de maneira tal que, relógios em mãos, é possível mensurar seu avanço como os médicos medem a pulsação de um bebê; e anunciar que o trem da ida ou da volta chegará a esta ou àquela estação, no horário tal; quase do mesmo modo, há ocasiões em que os habitantes de Nantucket cronometram o Leviatã das profundezas, de acordo com as características de sua progressão; e comentam entre si, daqui a tantas horas essa baleia terá avançado duzentas milhas, estará alcançando este ou aquele grau de latitude ou longitude. Para confirmar essa exatidão, no entanto, é preciso que o vento e o mar sejam aliados do arpoador; pois do contrário de nada serviria contra o vento a perícia do marinheiro em saber que ele está exatamente a noventa e três léguas e um quarto do porto almejado. Muitas questões sutis e colaterais que dizem respeito à caça de baleias podem ser deduzidas dessas observações.

O navio deu uma arrancada, deixando no mar marca semelhante à de uma bala de canhão extraviada, sulcando, como um arado, o campo.

"Pelo sal e pelo cânhamo!", gritou Stubb, "esta agitação no convés arrepia as pernas e dá pinçadas em nosso coração. O barco e eu somos dois bravos companheiros! – Ha! Ha! Que alguém me levante e me atire, de costas no mar – por todos os barris de carvalho! Minha espinha é uma quilha. Ha! ha! E nosso caminho é sempre em frente!"

"Ela sopra – sopra – bem ali! Ela sopra! – ali na frente"- foi o grito do topo do mastro.

"Sim, sim", gritou Stubb, "eu sabia – você não escapa – sopre e cuspa seu jato, ó baleia! O próprio Coisa-Ruim a persegue! – sopre suas trombetas! Encha seus pulmões! Ahab estancará seu sangue como um moleiro fecha comportas sobre um riacho.

E Stubb falava por quase toda a tripulação. O frenesi da caça, a esta altura, os agitara, como vinho velho refermentado. Quaisquer que fossem os pálidos temores e pressentimentos que tivessem, eles não só tinham sido afastados pelo respeito crescente.

DESENHE UM MAPA DE SUA SEMANA TÍPICA.

(É MAIOR OU MENOR DO QUE VOCÊ ACHOU QUE SERIA?)

VITÓRIAS RECENTES	DERROTAS RECENTES

LISTE AQUI TUDO QUE O ASSUSTA:

AGORA RISQUE CADA ITEM COMO SE ESTIVESSE MASSACRANDO UM DRAGÃO COM A ESPADA.

10 COISAS ESPALHADAS POR AÍ QUE NINGUÉM ESTÁ USANDO:

1.

2.

3.

4.

5.

6.

7.

8.

9.

10.

PREPARE UMA XÍCARA DE CHÁ. COLOQUE O SAQUINHO DO CHÁ EM UM PEDAÇO DE PAPEL. O QUE A MANCHA FAZ LEMBRAR?

| MANCHA DE CHÁ DE DAVE GRAY 🔍 |

OUÇA UMA CONVERSA ALHEIA.

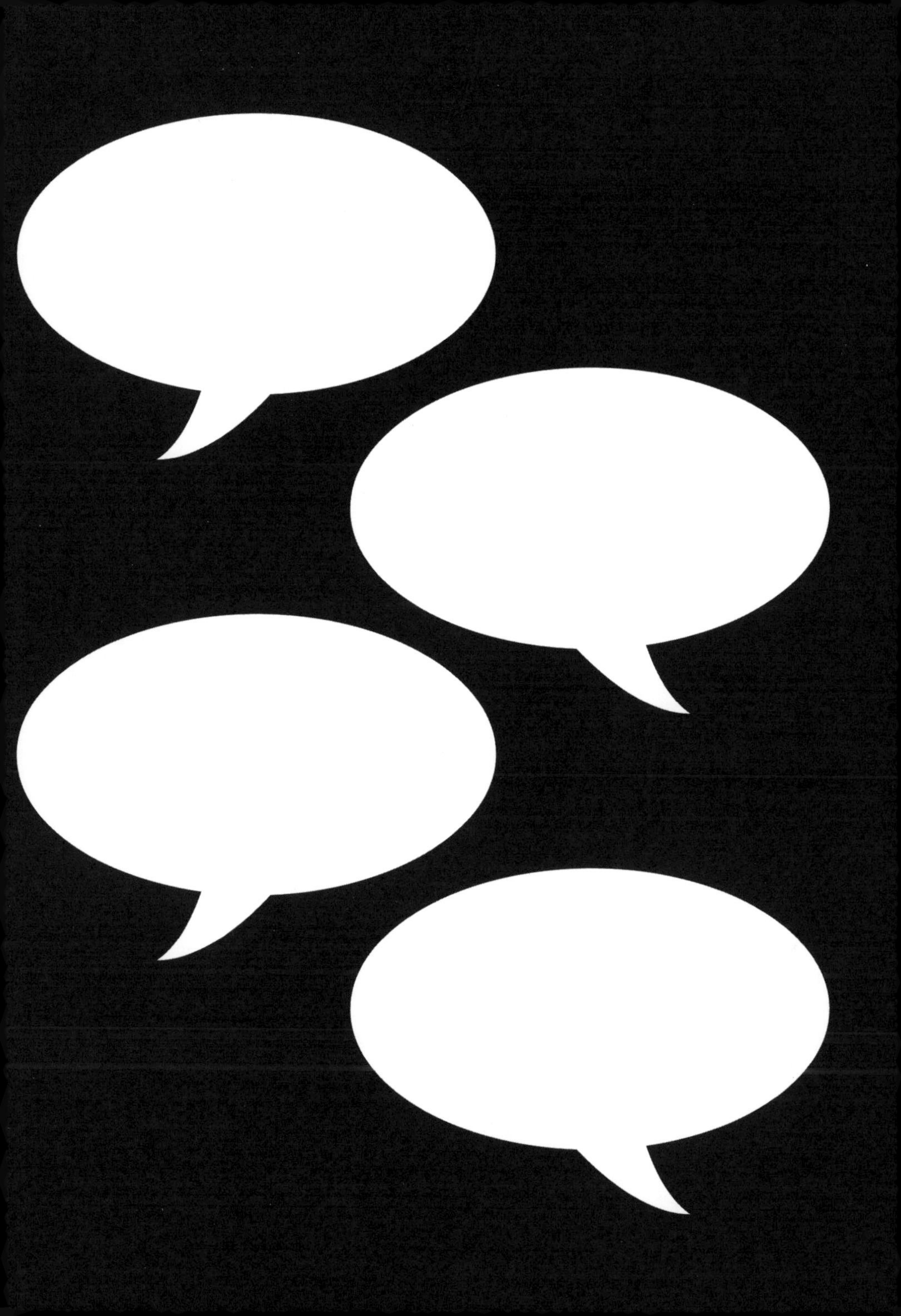

RECORTE OS QUADROS DE UMA HISTÓRIA EM QUADRINHOS, REORGANIZE-OS E COLE-OS AQUI.

O QUE O MOBILIZA?	O QUE O CHATEIA?
(FAÇA MAIS DISSO)	(FAÇA MENOS DISSO)

<u>FRENTE A PARA TRÁS DE</u> ESCREVA MAS, FAVORITOS LIVROS SEUS DE UM DE TRECHO UM COPIE

POR UMA SEMANA, SENTE-SE OU FIQUE PARADO NO MESMO LOCAL POR 15 MINUTOS, TODOS OS DIAS. A CADA DIA, ESCREVA A COISA MAIS INTERESSANTE QUE VOCÊ VIU OU OUVIU.

LOCAL:

SEGUNDA	
TERÇA	
QUARTA	

QUINTA	
SEXTA	
SÁBADO	
DOMINGO	

SEM QUALQUER AJUDA, TRADUZA UM PARÁGRAFO DE UMA LÍNGUA QUE VOCÊ NÃO FALA.
TENTE SER O MAIS PRECISO QUE PUDER.

ESCREVA AQUI SEUS SONHOS TODAS AS MANHÃS.

MANTENHA ESTA PÁGINA ABERTA
AO LADO DA CAMA ATÉ PREENCHÊ-LA.

PERGUNTE À PESSOA MAIS PRÓXIMA O QUE VOCÊ DEVERIA FAZER COM ESTA PÁGINA.

RECLAMAÇÕES	QUEIXAS

(EXISTE ALGO QUE VOCÊ POSSA FAZER A RESPEITO?)

LIGUE O RÁDIO. SINTONIZE EM UMA NOVA ESTAÇÃO A CADA 10 SEGUNDOS. TRANSCREVA O QUE VOCÊ OUVIU.

SUBA NA SUA PRÓPRIA

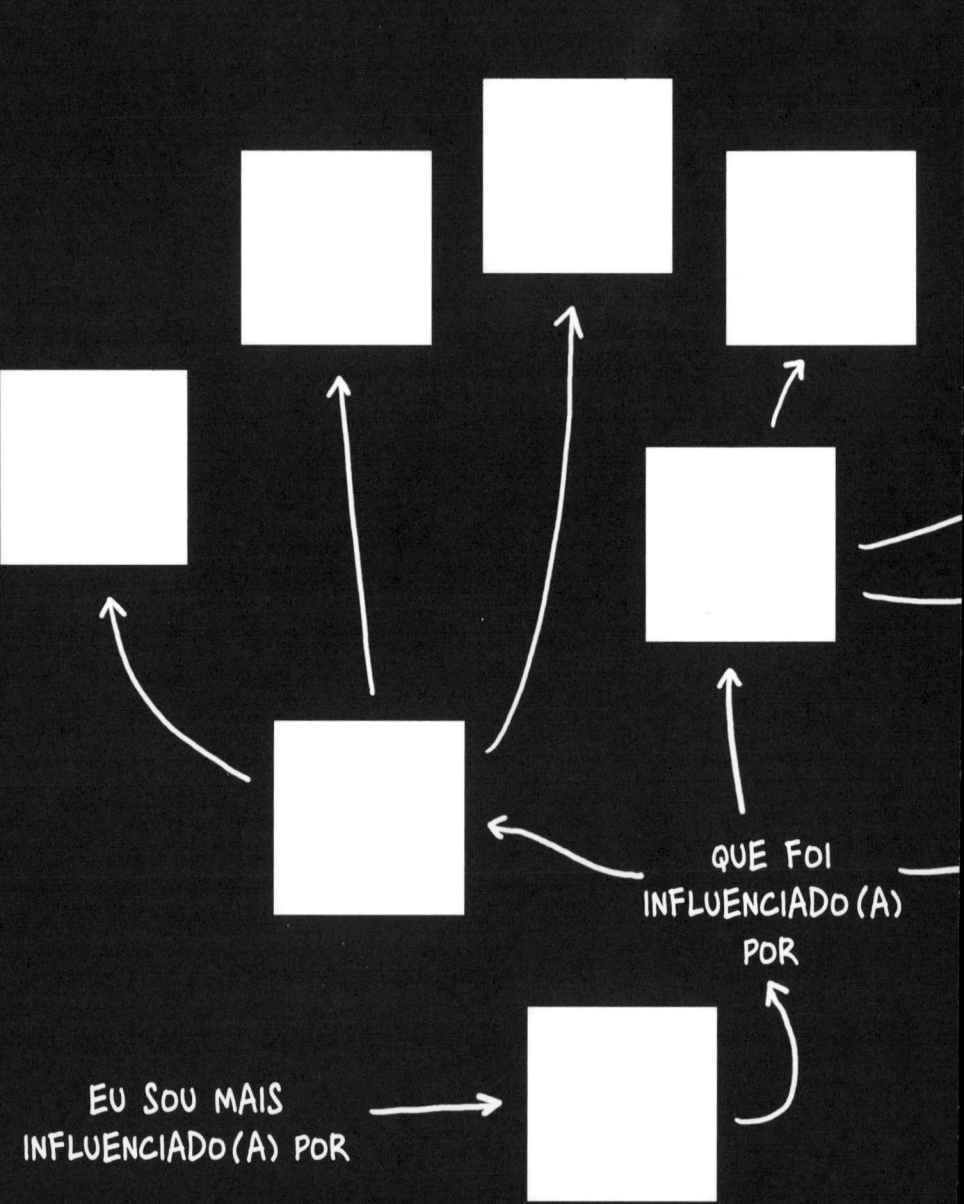

QUE FOI INFLUENCIADO(A) POR

EU SOU MAIS INFLUENCIADO(A) POR

ÁRVORE GENEALÓGICA CRIATIVA.

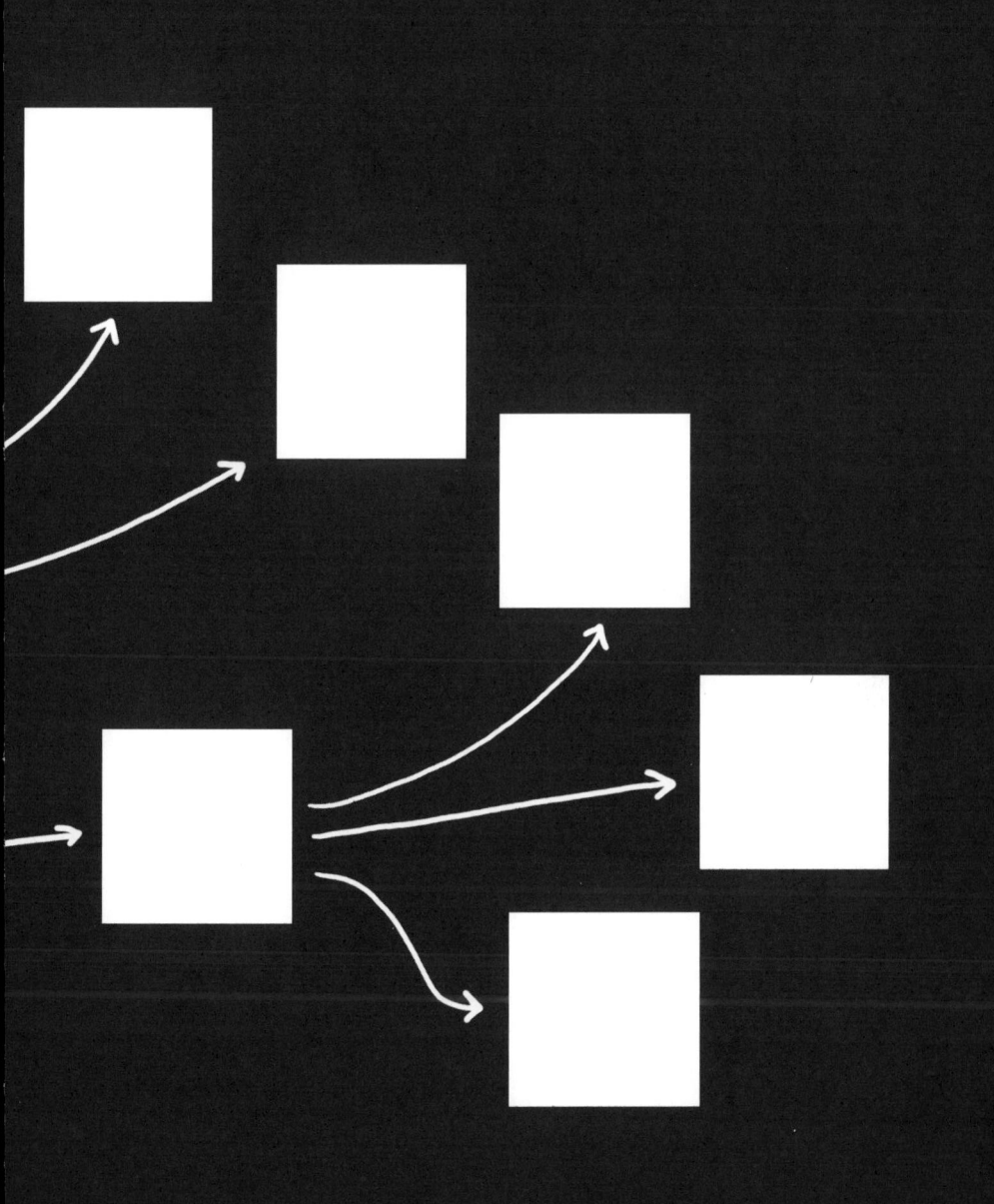

CONVIDE ALGUÉM PARA UM CAFÉ.
DEPOIS ESCREVA AQUI TUDO QUE VOCÊ LEMBRAR SOBRE A CONVERSA.

TREINE AQUI UMA ASSINATURA.

FAÇA UMA COLAGEM COM ITENS DE SUA CESTA DE LIXO.

(OPCIONAL: ROUBE SOBRAS DA CESTA DE OUTRA PESSOA.)

O QUE VOCÊ ANDA RUMINANDO QUE PODERIA SER COMPARTILHADO COM OUTRAS PESSOAS?

TRANSCREVA SUA CITAÇÃO FAVORITA AQUI:

REESCREVA-A DE 5 MANEIRAS DIFERENTES:

①

②

③

④

⑤

Faça um poema
Com MANCHETES de jornais

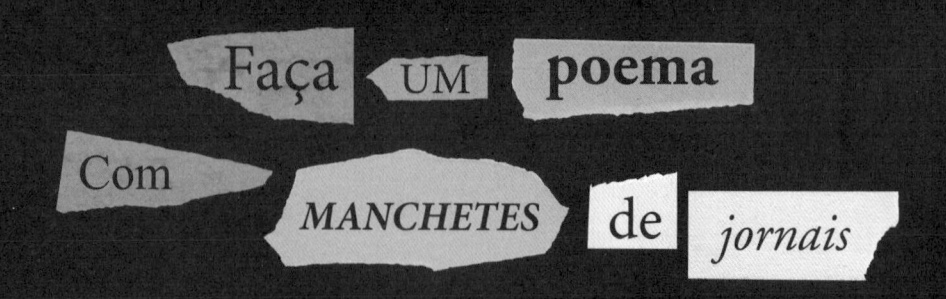

DESENHE UMA SOMBRA.

FAÇA UM DESENHO USANDO PEQUENAS PARTES DE DESENHOS DE OUTRAS PESSOAS.

10 COISAS QUE EU PODERIA TER FEITO, MAS NÃO FIZ:

1.

2.

3.

4.

5.

6.

7.

8.

9.

10.

PESQUISE UMA HISTÓRIA DE "SUCESSO DA NOITE PARA O DIA". FOI MESMO DA NOITE PARA O DIA?

ESCREVA ALGO AQUI QUE FARIA VOCÊ SER DEMITIDO, EXPULSO OU DESERDADO:

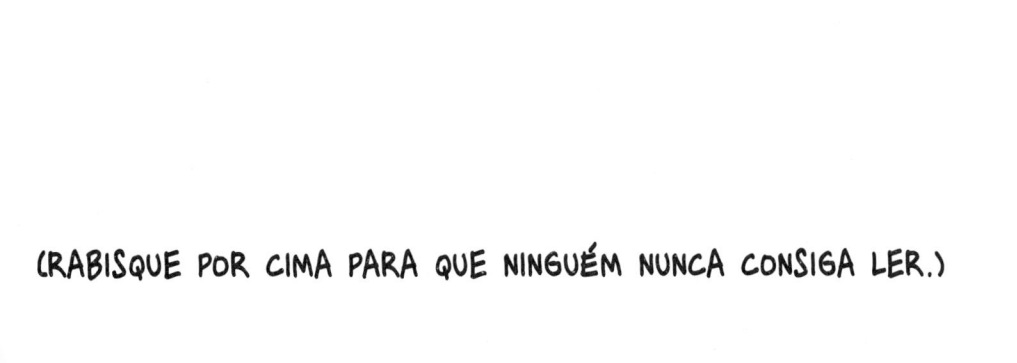

(RABISQUE POR CIMA PARA QUE NINGUÉM NUNCA CONSIGA LER.)

ERA UMA VEZ

UM(A) _____

_____

_____

TODOS OS DIAS, _____

_____

_____

CERTO DIA, _____

_____

_____

POR CAUSA DISSO, _____

_____

_____

ATÉ QUE, FINALMENTE, _____

_____

_____

EMMA COATS PIXAR CONTOS DE FADA 🔍

ASSISTA A UM PROGRAMA DE TV COM O SOM DESLIGADO.
INVENTE SEU PRÓPRIO DIÁLOGO.

(EXPERIMENTE COM UMA NOVELA.)

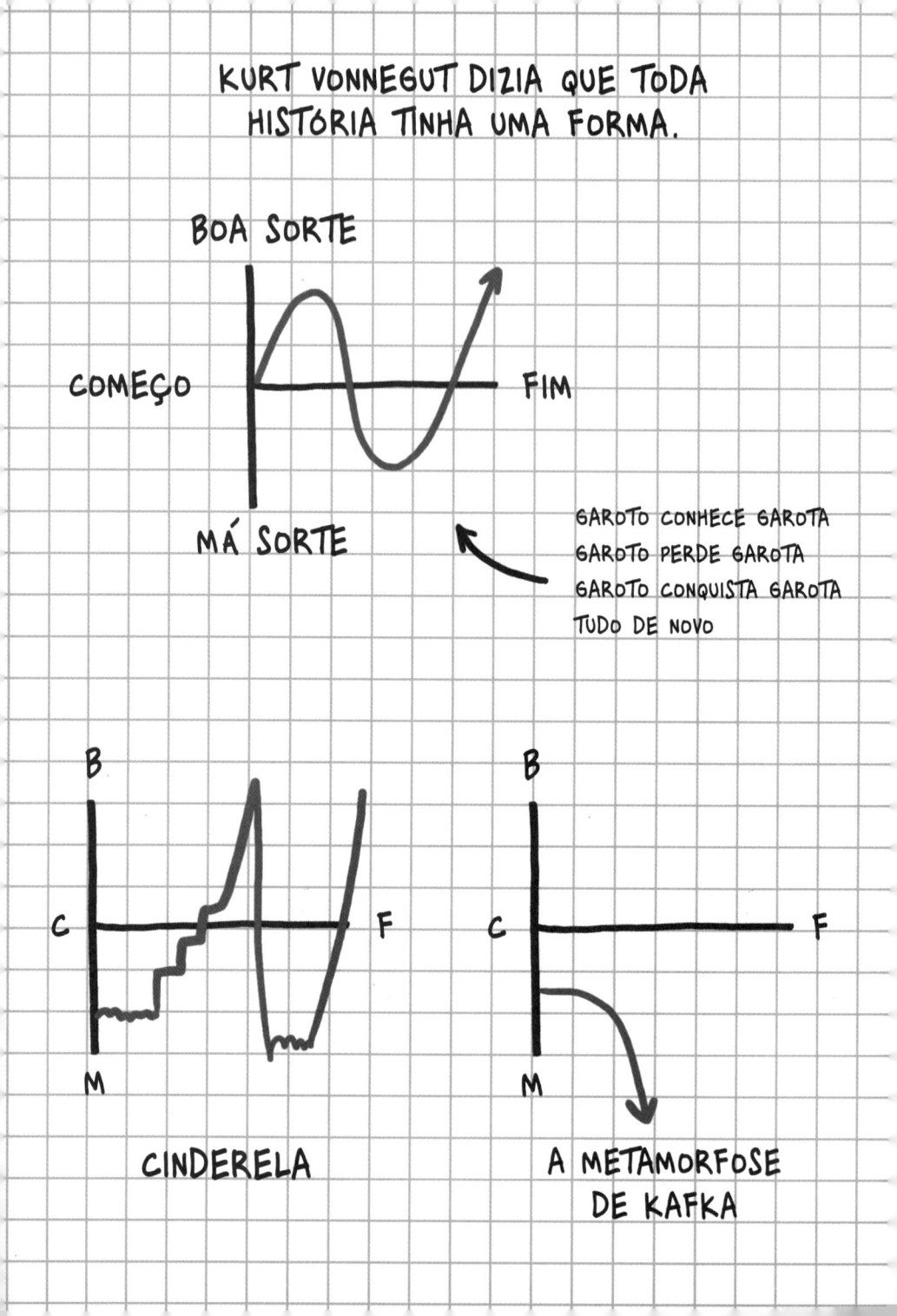

KURT VONNEGUT DIZIA QUE TODA
HISTÓRIA TINHA UMA FORMA.

BOA SORTE

COMEÇO — FIM

MÁ SORTE

GAROTO CONHECE GAROTA
GAROTO PERDE GAROTA
GAROTO CONQUISTA GAROTA
TUDO DE NOVO

CINDERELA

A METAMORFOSE DE KAFKA

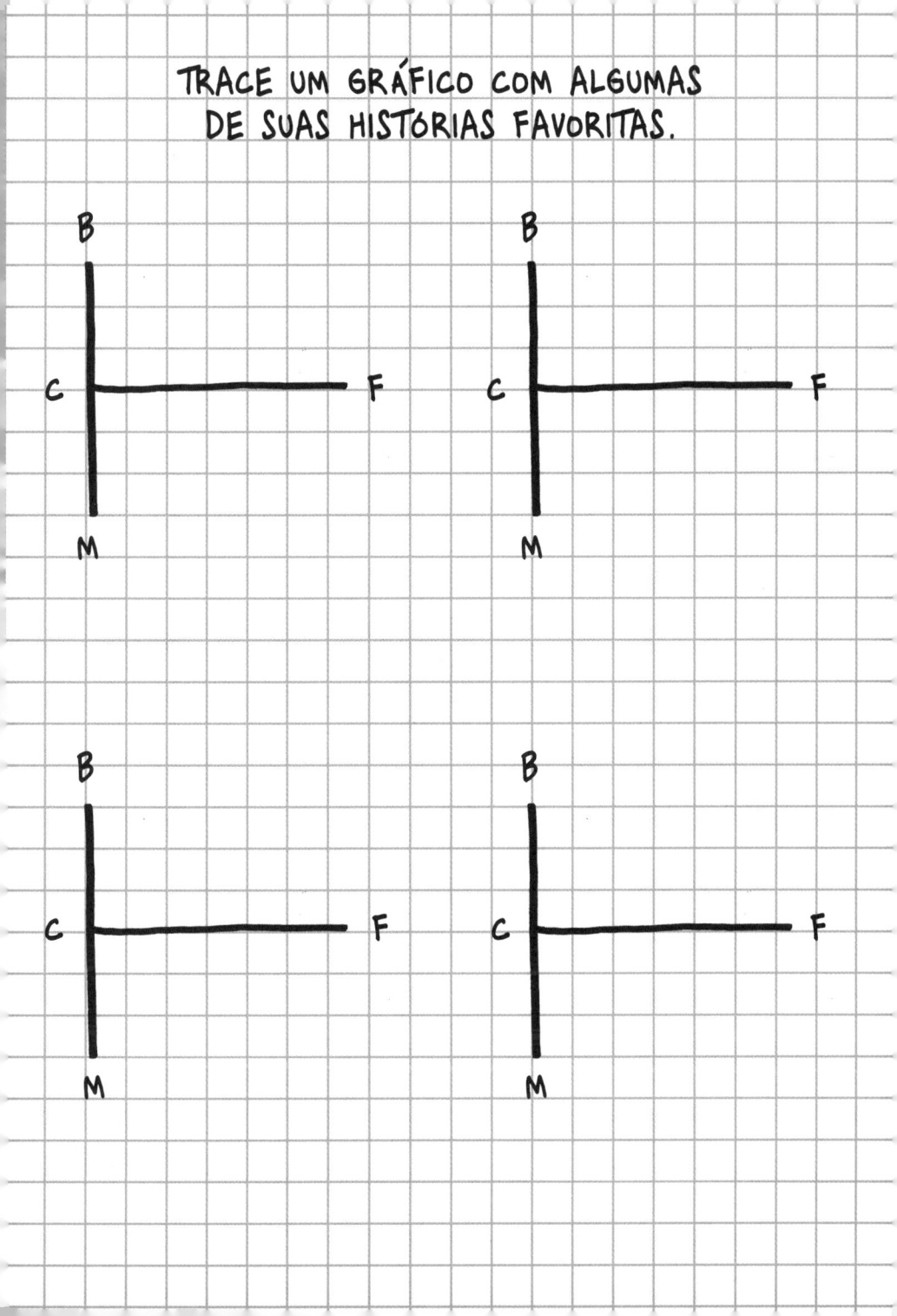

TRACE UM GRÁFICO COM ALGUMAS DE SUAS HISTÓRIAS FAVORITAS.

OLHE FIXAMENTE PARA ESTE PONTO ATÉ TER UMA IDEIA.

ESCREVA UMA CARTA PARA ALGUÉM QUE VOCÊ ODEIA.
TENTE FAZÊ-LO RIR.

INVENTE 10 PSEUDÔNIMOS PARA VOCÊ MESMO

1.

2.

3.

4.

5.

6.

7.

8.

9.

10.

QUAL FOI A ÚLTIMA VEZ QUE VOCÊ SE DIVERTIU PRA VALER?

ESCOLHA UMA COR. VÁ ATÉ A LIVRARIA E ANOTE OS TÍTULOS DAS 10 PRIMEIRAS CAPAS QUE ENCONTRAR COM ESSA COR.

1.
2.
3.
4.
5.
6.
7.
8.
9.
10.

(OPCIONAL: LEIA OS LIVROS.)

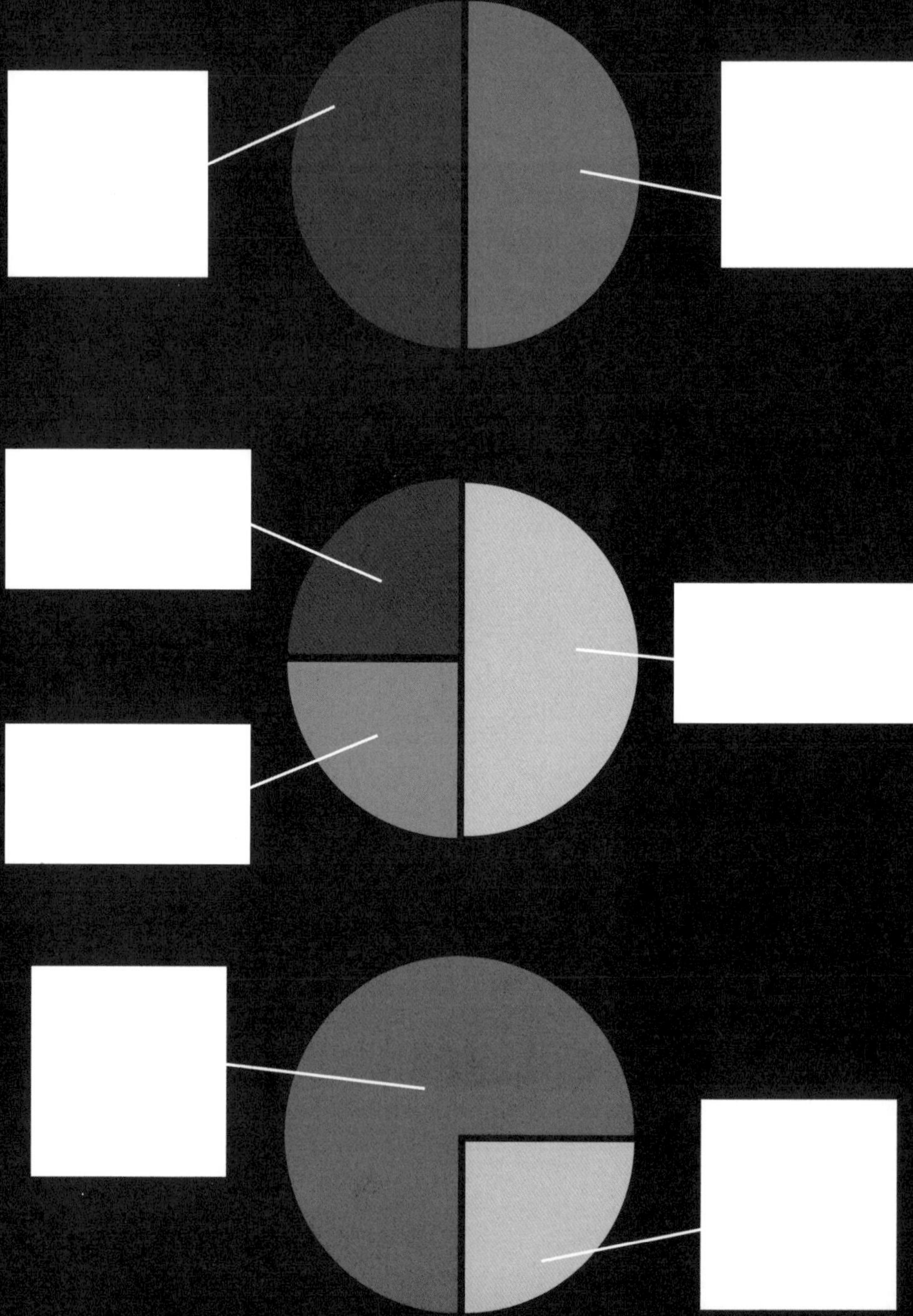

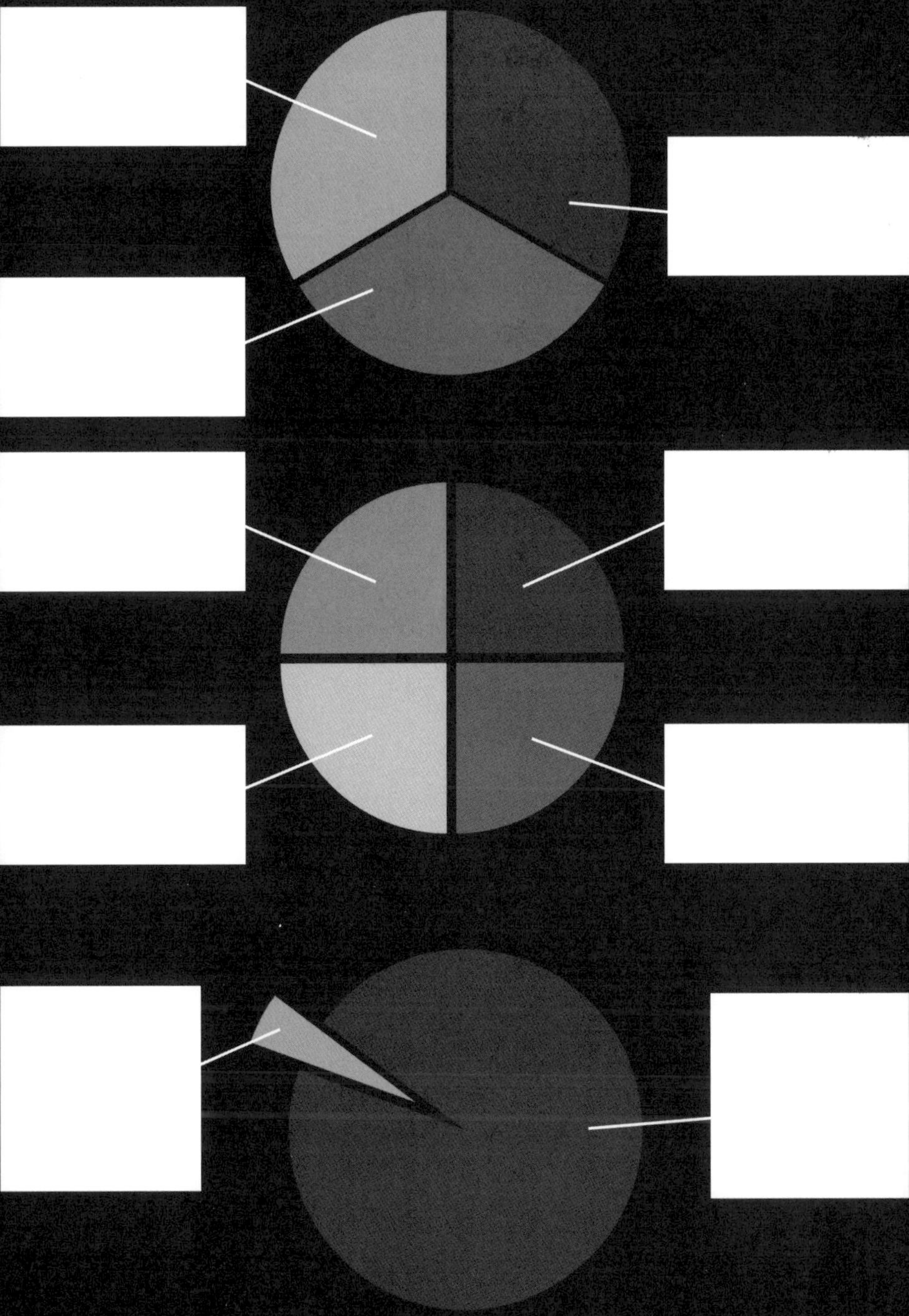

DÊ UMA VOLTA NO SEU INTERVALO DE ALMOÇO.
LISTE TUDO O QUE ESCUTAR, VIR OU PENSAR.

MEUS 10 PRAZERES PROIBIDOS FAVORITOS:

1.

2.

3.

4.

5.

6.

7.

8.

9.

10.

"EU NÃO ACREDITO EM PRAZERES CULPADOS. SE VOCÊ GOSTA PRA C****** DE ALGUMA COISA, VÁ EM FRENTE." – DAVE GROHL

DESENHE SEU LOCAL DE TRABALHO.

ESSA É A MELHOR IDEIA
DE TODOS OS TEMPOS

OK, ISSO É MAIS DIFÍCIL
DO QUE EU PENSAVA

ISSO VAI DAR
ALGUM TRABALHO

NÃO ESTÁ BOM –
E É CHATO

MAUREEN MCHUGH 🔍

FAÇA UM GRÁFICO DE SEU ÚLTIMO PROJETO NESTE FORMATO.

DE QUE MANEIRAS SE PARECE COM ELE?
DE QUE MANEIRAS ELE DIFERE?

ESTÁ FEITO,
NÃO ESTÁ BOM,
MAS NÃO ESTÁ TÃO
RUIM QUANTO PENSEI

VAI SER BOM TERMINAR
PORQUE VOU APRENDER
PARA A PRÓXIMA VEZ

(A NOITE ESCURA DA ALMA)

DESCREVA SEU MÉTODO FAVORITO DE PROCRASTINAÇÃO.
VOCÊ CONSEGUE PENSAR EM UM MÉTODO MAIS PRODUTIVO?

DESCREVA O QUE VOCÊ FAZ EM SEIS PALAVRAS.

EU — SOU — UM — ESCRITOR — QUE — DESENHA

EU — SOU — UM (A) — _____ — QUE — _____

_____ — _____ — _____ — _____ — _____ — _____

_____ — _____ — _____ — _____ — _____ — _____

EU — AJUDO — _____ — _____ — _____ — _____

_____ — _____ — _____ — _____ — _____ — _____

"SENTE-SE À SUA MESA E ESCUTE."
– FRANZ KAFKA

QUAIS SÃO OS SEGREDOS DE SEU OFÍCIO?
O QUE VOCÊ PERDERIA COMPARTILHANDO SUA PRÁTICA COM OUTROS?
O QUE VOCÊ GANHARIA?

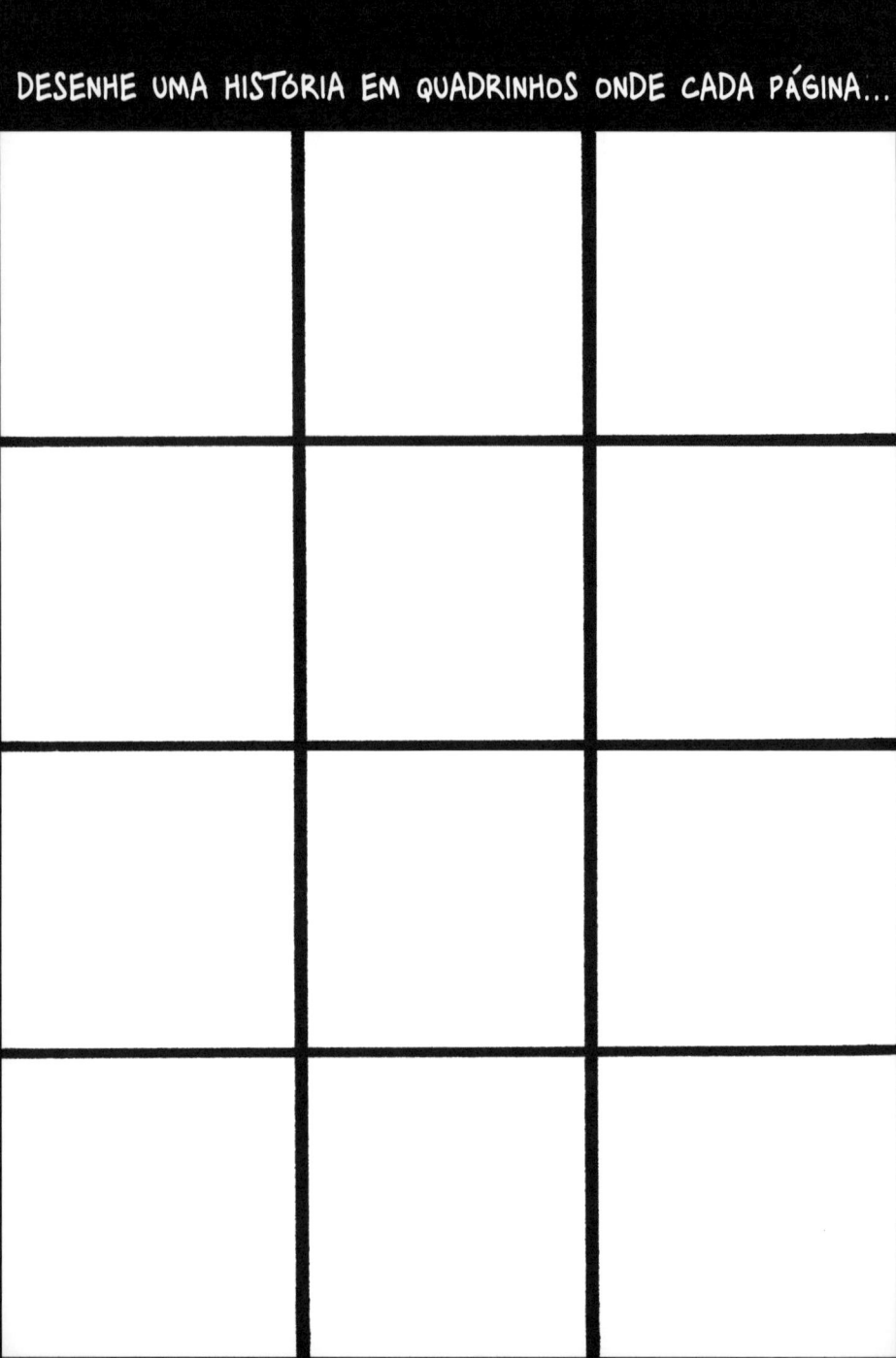

DESENHE UMA HISTÓRIA EM QUADRINHOS ONDE CADA PÁGINA...

... É UMA HORA DO SEU DIA.

10 DÚVIDAS QUE TENHO:

1.

2.

3.

4.

5.

6.

7.

8.

9.

10.

O QUE VOCÊ ESTÁ PENSANDO E QUE NINGUÉM MAIS ESTÁ DIZENDO?

INVENTE UMA BOA MENTIRA A SEU RESPEITO PARA CONTAR A UM ESTRANHO. CRIE UMA HISTÓRIA PARA SUSTENTÁ-LA.

VÁ CORTAR O CABELO. LEMBRE-SE DA CONVERSA QUE TEVE COM O SEU BARBEIRO OU CABELEIREIRO.

10 COISAS NAS QUAIS EU DEVO PENSAR MAIS DO QUE A MAIORIA DAS PESSOAS:

1.

2.

3.

4.

5.

6.

7.

8.

9.

10.

TOME UM BANHO QUENTE E DEMORADO.
PREENCHA ESTA PÁGINA QUANDO TERMINAR.

MANIFESTO NEGATIVO:

NÃO VOU _____
_____

NÃO VOU _____
_____

NÃO VOU _____
_____

NÃO VOU _____
_____

NÃO VOU _____
_____

NÃO VOU _____
_____

NÃO VOU _____
_____

COPIE UMA FRASE FAVORITA NO CENTRO DESTA PÁGINA.
ESCREVA DUAS DE SUAS PRÓPRIAS FRASES QUE LEVAM ÀQUELA FRASE.
ESCREVA DUAS DE SUAS PRÓPRIAS FRASES QUE DÃO
CONTINUIDADE ÀQUELA FRASE.

EM SEGUIDA, RISQUE A FRASE ORIGINAL.

FAÇA UMA LIGAÇÃO. DIAGRAME A CONVERSA TELEFÔNICA.

VÁ AO CINEMA. DESENHE NO ESCURO.

A QUEM VOCÊ CONFIA SEUS SEGREDOS?
POR QUÊ?

10 COISAS QUE VÃO MUITO BEM NESSE MOMENTO:

1.

2.

3.

4.

5.

6.

7.

8.

9.

10.

QUEM VOCÊ ACHA QUE SÃO SEUS CONCORRENTES?
VOCÊ CONSEGUIRIA TORNÁ-LOS SEUS PARCEIROS?
COMO?

DESENHE → UM → FLUXOGRAMA → DO → SEU

PROCESSO → DE → TRABALHO

(FIQUE À VONTADE PARA TORNÁ-LO ENGRAÇADO.)

NO QUE VOCÊ REALMENTE ESTÁ TRABALHANDO?

1 + 1 = 3

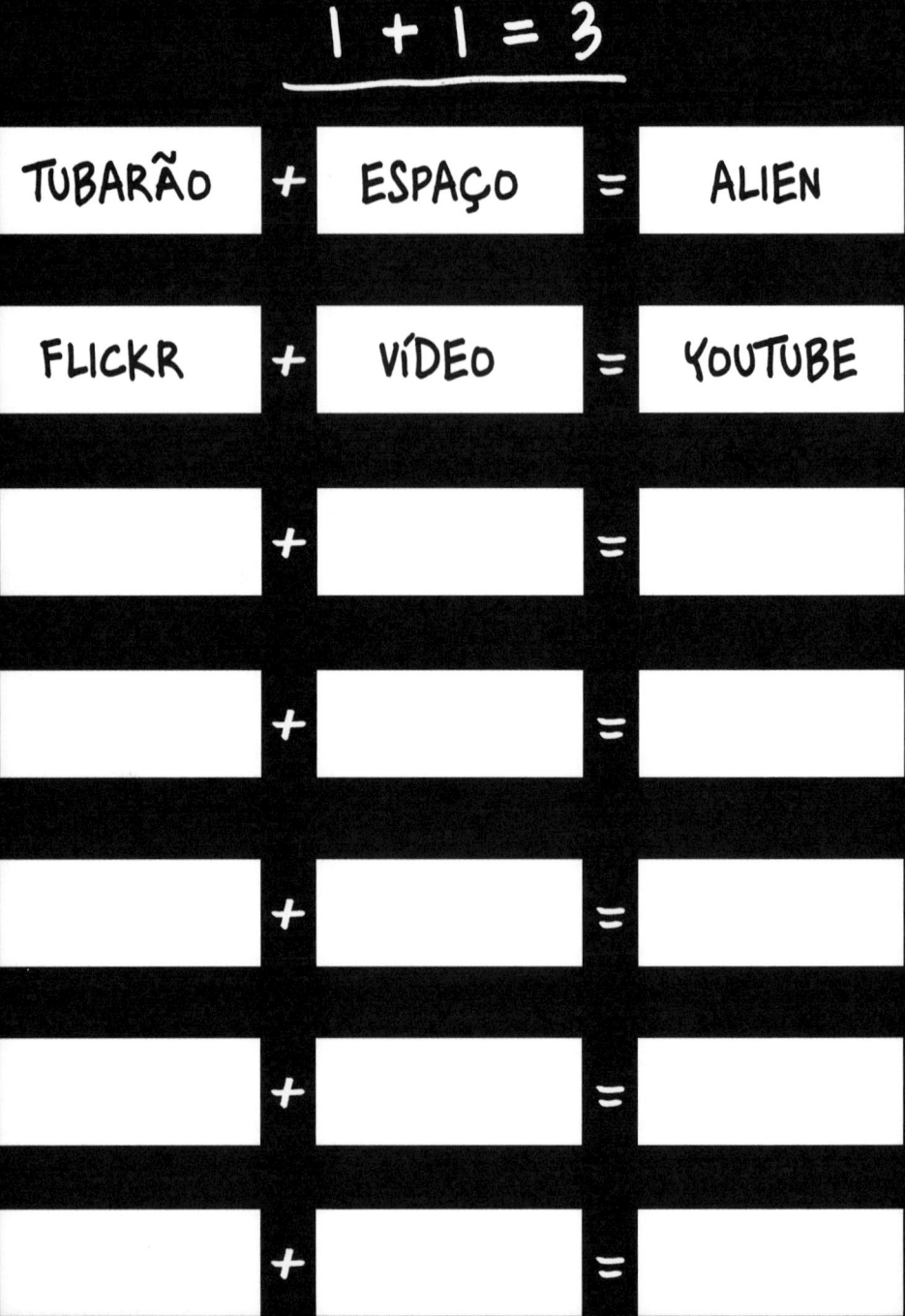

TUBARÃO	+ ESPAÇO	= ALIEN
FLICKR	+ VÍDEO	= YOUTUBE
	+	=
	+	=
	+	=
	+	=
	+	=

FAÇA UM ANÚNCIO FALSO PARA UM PRODUTO QUE VOCÊ GOSTARIA QUE EXISTISSE.

TIRE UM COCHILO.
PREENCHA ESTA PÁGINA QUANDO ACORDAR.

ESCREVA AQUI SUA IDEIA GENIAL.

O QUE ACHA DELA APÓS 24 HORAS?

UMA SEMANA?

UM MÊS?

O QUE VOCÊ FAZ EM PARTICULAR QUE PODERIA SER FEITO EM PÚBLICO? E POR QUE NÃO FAZ?

PLAGIE A SI MESMO.
ENCONTRE UM TEXTO SEU ANTIGO, CORTE-O, REORGANIZE-O E COLE-O AQUI.

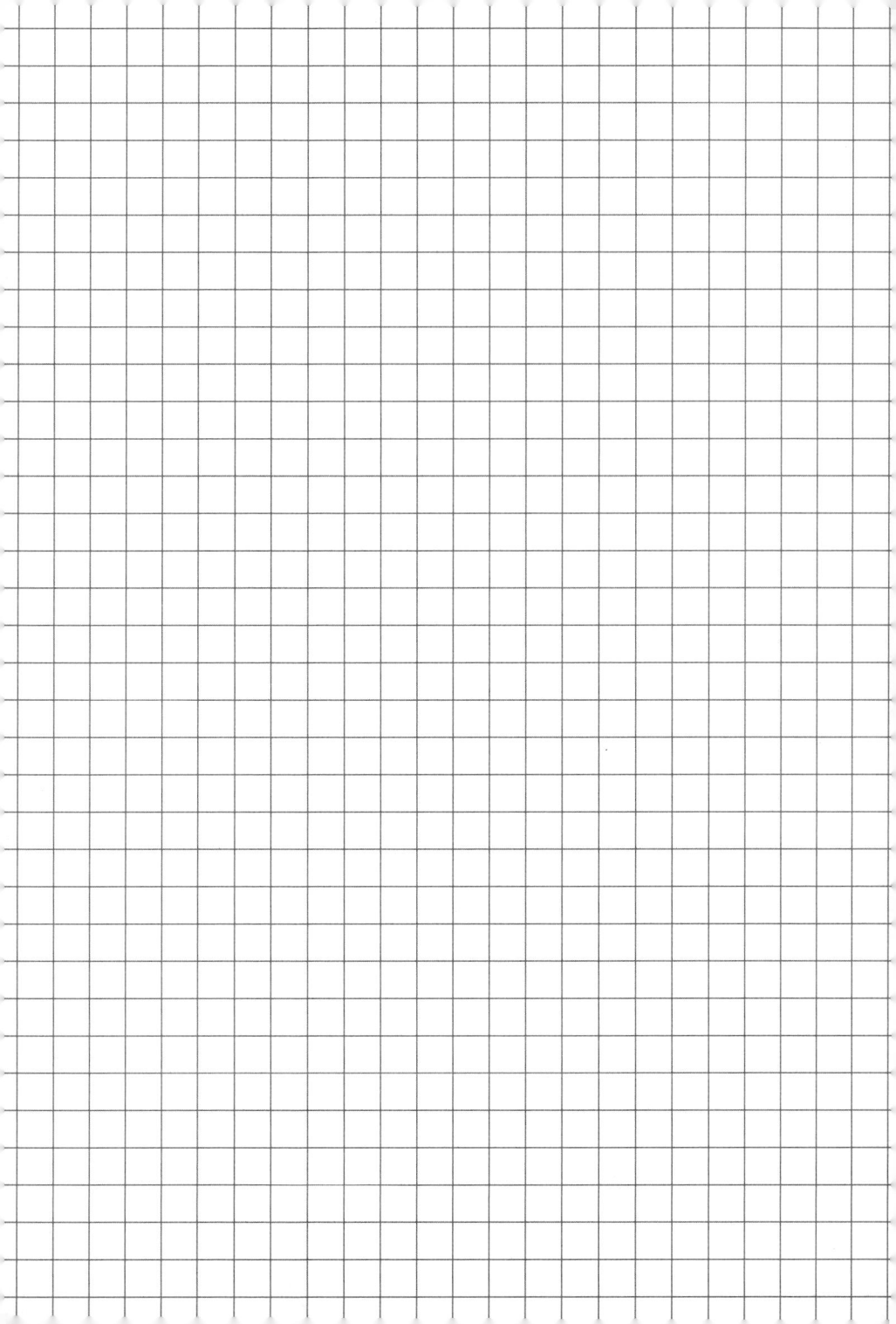

MEU TOP 10 _____

1.

2.

3.

4.

5.

6.

7.

8.

9.

10.

COMECE
PELO
MEIO

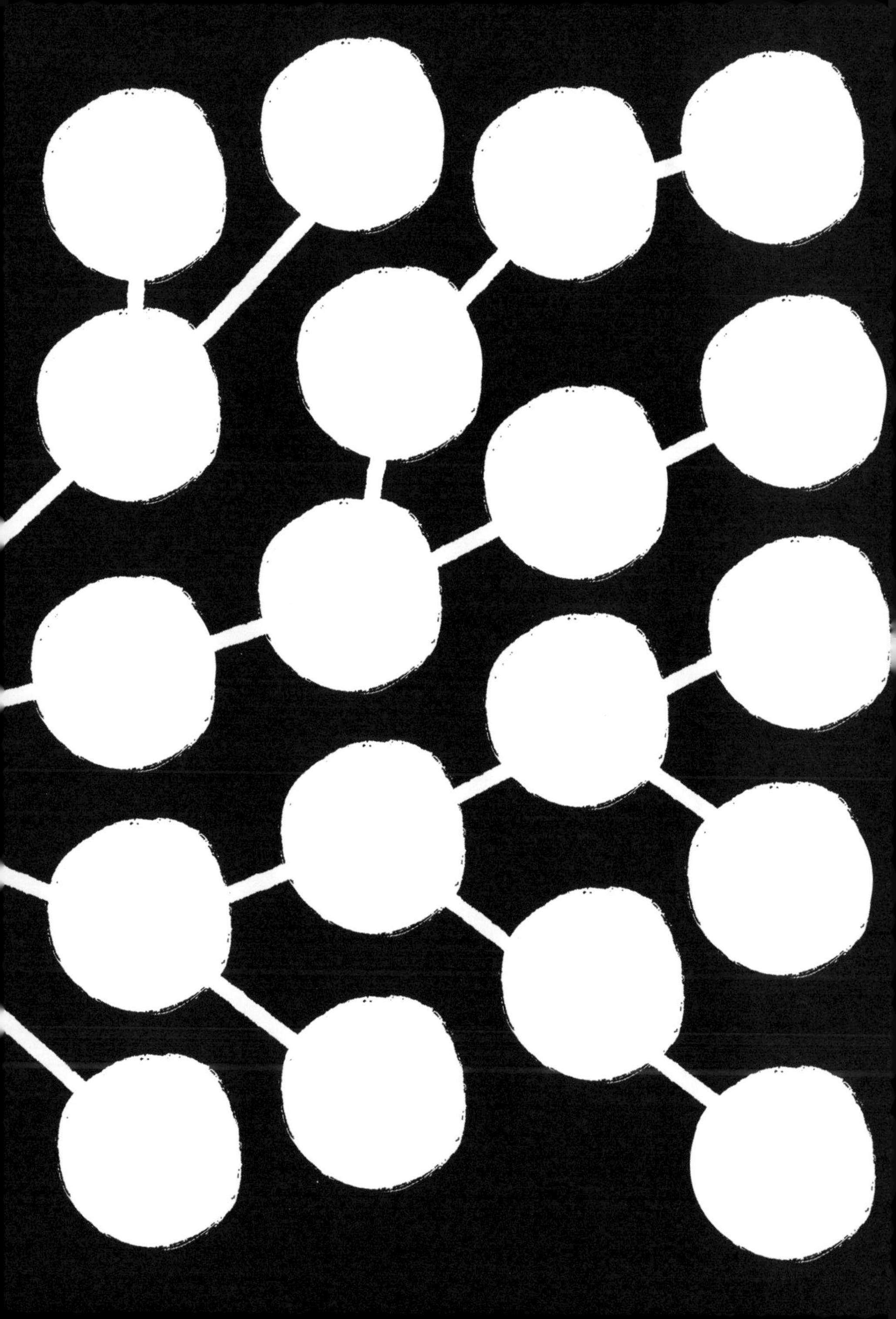

FOLHEIE AS PÁGINAS ANTERIORES DESTE DIÁRIO. VOCÊ RECONHECE NELE ALGUM TEMA OU PADRÃO?

←

DÊ UM GOOGLE EM UM PROBLEMA QUE VOCÊ TEM.
ESCREVA AQUI O RESULTADO DA BUSCA SEM EDITAR.

A MELHOR COISA QUE ACONTECEU ONTEM:

NO MÊS PASSADO:

NO ANO PASSADO:

NA MINHA VIDA:

FAÇA VOTO DE SILÊNCIO DE UM DIA.
USE SUA CANETA E ESTE ESPAÇO PARA RESPONDER AOS OUTROS.

DE QUE FORMA VOCÊ ANDA MANTENDO O SEU NOME LIMPO?

ENCONTRE UMA FOTO ANTIGA
E COLE AQUI

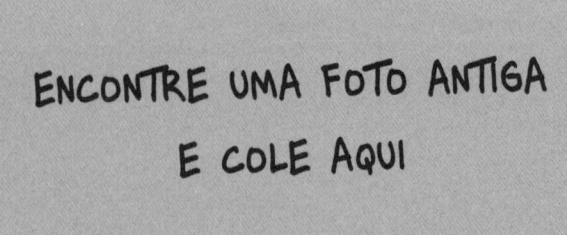

INVENTE 10 LEGENDAS DIFERENTES
DEIXE-AS MEIO ENGRAÇADAS, MEIO TRISTES.

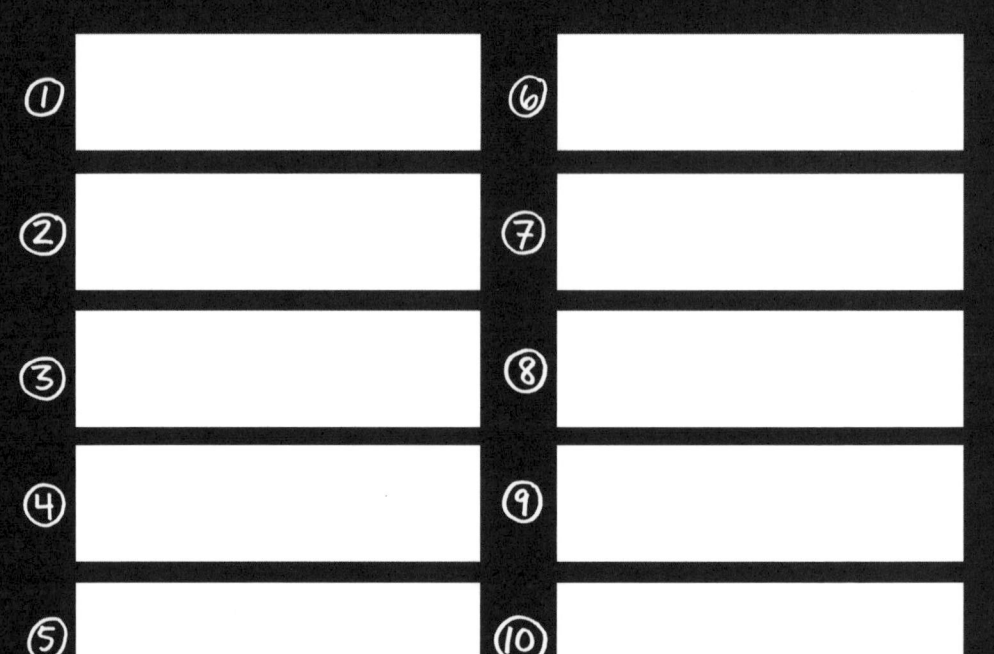

①
②
③
④
⑤
⑥
⑦
⑧
⑨
⑩

TRACE A SILHUETA DE UM AMIGO OU AMIGA.
PREENCHA-A COM PALAVRAS.

GASTE 15 REAIS NA SEÇÃO DE MATERIAL ESCOLAR DA LOJA DE DEPARTAMENTOS. CRIE AQUI ALGO QUE SUA MÃE COLOCARIA NA PORTA DA GELADEIRA.

O QUE VOCÊ QUERIA FAZER QUANDO TINHA ONZE ANOS?

INVENTE UMA RECEITA.

TÍTULO:

INGREDIENTES:

PREPARO:

TEMPO DE PREPARO:

ESCREVA SEU OBITUÁRIO.

(OPCIONAL: ESCREVA SOBRE SEU ÓBITO USANDO APENAS FRASES DE OBITUÁRIOS DE JORNAL.)

EXISTE ALGO QUE VOCÊ DESCARTOU E DE QUE SENTE FALTA? POR QUÊ?

DESENVOLVA UMA EMENTA DE CURSO

TÍTULO:

DESCRIÇÃO:

OBJETIVOS:

REGRAS DA AULA:

TEXTOS E/OU MATERIAIS NECESSÁRIOS:

QUE VOCÊ GOSTARIA DE LECIONAR OU FAZER PARTE:

DATA	AULA

AGENDA

O MUNDO ESTÁ ACABANDO.
DEIXE UMA MENSAGEM PARA OS EXPLORADORES ALIENÍGENAS.

10 COISAS QUE APRENDI:

1.

2.

3.

4.

5.

6.

7.

8.

9.

10.

E AGORA?

- MANTENHA O HÁBITO! QUANDO ESSAS PÁGINAS ESTIVEREM CHEIAS, COMECE UM NOVO CADERNO E CARREGUE-O COM VOCÊ POR TODA PARTE.

- MOSTRE SEU TRABALHO! SE HOUVER UMA PÁGINA EM SEU DIÁRIO QUE VOCÊ JULGUE INTERESSANTE OU ÚTIL A OUTROS, TIRE UMA FOTO E FAÇA UM POST COM A TAG #MOSTRESEUTRABALHO.

- PROMOVA UM ENCONTRO DE DIÁRIOS COM AMIGOS, FAMILIARES, COLEGAS DE CLASSE OU DE TRABALHO. ESCOLHA UMA PÁGINA DESTE DIÁRIO, LIGUE O CRONÔMETRO E EXECUTE A TEMPO. COMPARTILHE O RESULTADO COM OS OUTROS.

- DÊ UM EXEMPLAR DE SEU DIÁRIO A ALGUÉM QUE PODERIA ACHÁ-LO ÚTIL!

LIVROS PARA LER

- ☐ KENT + STEWARD, <u>LEARNING BY HEART</u>
  (ALLWORTH PRESS, 2008)
  UM GUIA PARA A LIBERTAÇÃO DO ARTISTA QUE EXISTE EM TODOS NÓS.

- ☐ KENNETH GOLDSMITH, <u>UNCREATIVE WRITING</u>
  (COLUMBIA UNIVERSITY PRESS, 2011)
  TÉCNICAS PARA A ESCRITA CRIATIVA FORA DO ÂMBITO LITERÁRIO, INCLUINDO PROCESSAMENTO DE TEXTO, DATABASE E PROGRAMAÇÃO.

- ☐
- ☐
- ☐
- ☐
- ☐
- ☐
- ☐
- ☐
- ☐
- ☐

FILMES PARA ASSISTIR

- [ ] BEAUTY IS EMBARRASSING (NEIL BERKELEY, 2012) DOCUMENTÁRIO SOBRE O CARTUNISTA E ANIMADOR WAYNE WHITE
- [ ]
- [ ]
- [ ]
- [ ]
- [ ]
- [ ]
- [ ]
- [ ]
- [ ]
- [ ]
- [ ]

MÚSICA PARA OUVIR

☐ CURTIS MAYFIELD, CURTIS/LIVE! (1971)

☐

☐

☐

☐

☐

☐

☐

☐

☐

☐

☐

EU ESCREVO DIÁRIOS HÁ 20 ANOS
- QUASE 2/3 DA MINHA VIDA.

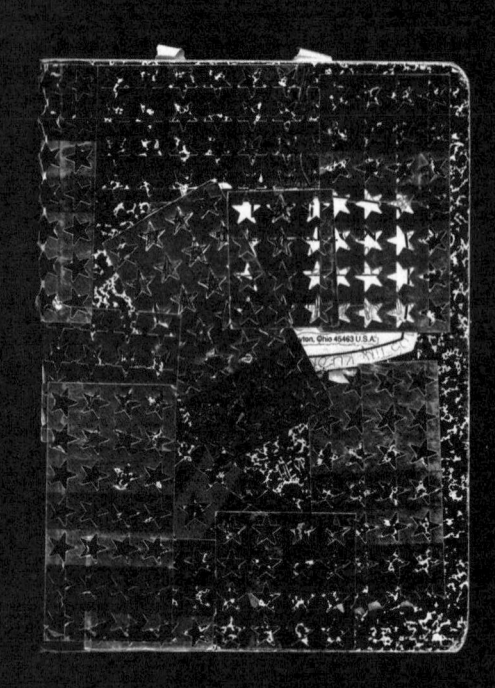

ESPERO QUE ESSE HÁBITO DIVIRTA VOCÊ TANTO QUANTO TEM ME DIVERTIDO.

TODA SEMANA DISPARO
UMA NEWSLETTER REPLETA
DE NOVAS ARTES,
TEXTOS E LINKS INTERESSANTES.

INSCREVA-SE AQUI:
AUSTINKLEON.COM

PARA ATUALIZAÇÕES DIÁRIAS,
SIGA-ME NO TWITTER:

@AUSTINKLEON

OUTRO LIVRO DE AUSTIN KLEON:

ROUBE COMO UM ARTISTA
10 DICAS SOBRE CRIATIVIDADE
AUSTIN KLEON
Rocco

UM LUGAR PARA MANTER RECORTES
DE COISAS ROUBADAS.